| 16 | 3  | 2  | 13 |
|----|----|----|----|
| 5  | 10 | 11 | 8  |
| 9  | 6  | 7  | 12 |
| 4  | 15 | 14 | 1  |

Ruy Proença

# VISÃO DO TÉRREO

editora 34

EDITORA 34

Editora 34 Ltda.
Rua Hungria, 592   Jardim Europa   CEP 01455-000
São Paulo - SP   Brasil   Tel/Fax (11) 3816-6777   www.editora34.com.br

Copyright © Editora 34 Ltda., 2007
*Visão do térreo* © Ruy Proença, 2007

Edição com apoio da Secretaria de Estado da Cultura,
Governo do Estado de São Paulo.

A FOTOCÓPIA DE QUALQUER FOLHA DESTE LIVRO É ILEGAL E CONFIGURA UMA
APROPRIAÇÃO INDEVIDA DOS DIREITOS INTELECTUAIS E PATRIMONIAIS DO AUTOR.

Imagem da capa:
*Marco Buti*, Sem título (Passar), *photo-etching em ferro, 1995*

Capa, projeto gráfico e editoração eletrônica:
*Bracher & Malta Produção Gráfica*

Revisão:
*Cide Piquet, Carla Mello Moreira*

1ª Edição - 2007

CIP - Brasil. Catalogação-na-Fonte
(Sindicato Nacional dos Editores de Livros, RJ, Brasil)

Proença, Ruy, 1957
P149v      Visão do térreo / Ruy Proença
— São Paulo: Ed. 34, 2007.
112 p.  (Poesia)

ISBN 978-85-7326-389-3

1. Poesia brasileira.  I. Título.  II. Série.

CDD - B869.1

# VISÃO DO TÉRREO

*O universo está cheio de cicatrizes:*
*as mais insignificantes são as que geralmente se percebem.*
Murilo Mendes

*Quando se mistura a própria voz com outras*
*fica-se preso como que por um anzol.*
Franz Kafka

# A INVISÍVEL CICATRIZ

nascer
é ser novinho em folha
e já deixar cicatriz

viver
é cobrir os outros
de cicatrizes
e ser coberto

mas nem tudo
são cicatrizes

algumas incisões
definitivamente
não se fecham

por isso
aliás
morremos

# TIRANIAS

antigamente
diziam: cuidado,
as paredes têm ouvidos

então
falávamos baixo
nos policiávamos

hoje
as coisas mudaram:
os ouvidos têm paredes

de nada
adianta
gritar

# CICLO DAS PEDRAS

é terrível dormir
com o barulho
das pedras crescendo

minuto não
minuto sim
um estalido se deposita
no tímpano

passarão os anos
as pedras serão adultas

sobrará menos espaço
para o sono

# REPARTIÇÃO PÚBLICA

o cachorro
subiu a escadaria
e estacionou
no *hall* de espera

estrangeiro,
não encontrou pronta acolhida
(nós tampouco)

apenas
comentários bizarros
que sua presença inspirava
(como também a nossa)

era mais digno que nós
o vira-lata:
sem ser atendido,
virou as costas
e saiu como entrou

# FRONTEIRA

Nasci de um acaso.

Como esse muro
à minha frente
alto
dividindo duas vizinhanças.

Alguém me deu à luz,
alguém me tirou a luz.

Não vejo o mundo:
miro o muro.

Dele conheço
cada detalhe.

# MUNDO PÂNICO

uma agulha de pânico
espicaçando o crânio

não sei
se
o clique do revólver

ou a espinha do peixe
que ainda vai morrer
para fazer morrer

quem sabe ressurja
o salva-vidas
na vitrola
(ferrugens)

ou apenas isto:
a máquina de costura
a mão jeitosa
a costureira

# TANTO PESO

uma canoa de ferro
pousada
sobre a areia

ninguém sabe
de onde veio
de que noite

uma canoa de ferro
esperando talvez
braços

que a empurrem ao mar
e com ela
se lancem

## TOTEM

Uma baleia morta sobre a areia
muda o centro de gravidade
de um dia azul de cartão-postal.

As ondas perguntam e perguntam
por que se perdeu.

Apinhados ao longe
os homens só sabem repetir em alvoroço
o que as ondas perguntam.

Um homem se destaca dos demais:

19 metros, 40 toneladas —
brutal incerteza que aflora
abalando o centro de um dia azul.

# DESENRAIZADOS

cortaram nossas raízes:
por isso
deixamos de ser árvores

ainda podemos escolher
ser pássaro, peixe
ou outro movimento
que viaje na água
ou no vento

mas nossa consciência de aço
falso (sucata)
pesa sobre nossos ossos

e mal conseguimos
ensaiar um passo

## ESCRIVANINHA

pusemos a escrivaninha
na praia
e nos sentamos
bem amarrados à cadeira

os peixes saltam no mar
os banhistas saltam no mar
os golfinhos saltam no mar
as sereias saltam no mar

encalhados
na maré-cheia
escrevemos no papel
a única palavra:

cadáver

## ABAIXO DE ZERO

Não peço esmola,
eu olho os carros.
Lá todo mundo me conhece.

Estava me olhando
no espelhinho.

Daí o Cabral veio
me pegou pelo braço
me levou pra geladeira.

Antes de me colocar na geladeira
perguntou prum funcionário do supermercado
que arrumava umas frutas:

— Que é que eu faço com ele?
O cara falou:
— Coloca ele no *freezer*.
— Quanto tempo?
O outro:
— Meia hora, que ele é fortinho.

# MINHA MÃE

minha mãe Carmenzita
1 metro e 35
8ª completa

foi cobradora de ônibus
foi babá
foi arrumadeira

acredita
que é discriminada
pela altura

diz:
— medem a competência
pela altura

fez curso de ascensorista

busca alguma coisa
minha mãe Carmenzita

# CLASSIFICADOS

Não fosse
o detetive particular Gomes
atravessado em seu caminho
Bárbara Modelo 19 anos
conseguiria saltar na página
as máquinas para arames
as velas, os sabonetes
até cair em
Ângelo Italianinho
trilíngüe, nível superior, 1,74 m, musculoso.
Conseguiria Bárbara enfim
atingir seu objetivo:
alugar as 4 suítes e as 3 vagas
do seu corpinho.
Mas o detetive Gomes
impede sua passagem.
Sem saída
Bárbara desvia
para a quadrícula à direita —
e tropeça
nos sacos de lixo
a R$ 4,60 100 unidades.
Se descabela, paga
e perde duas jogadas.

# PESCARIA

Estava lá
quieto
no meu canto.

Vieram com o bicheiro
me ferroaram
me extraíram
de casa.

Tentei escapar:
descarreguei neles
toda minha tinta.

De nada adiantou,
me quebraram
algumas pernas

e me jogaram
ainda vivo
no escuro
do samburá.

# TORMENTA

e vieram os pássaros
e bicaram-lhe os olhos

e vieram os martelos
e pregaram-lhe as unhas

e vieram os funis
e forçaram-lhe
goela abaixo
o que não queria
de jeito nenhum

# O TIETÊ NÃO VAI AO MAR

Vem, Lídia,
enlacemos as mãos
e atravessemos correndo
as sete pistas da via expressa
para não sermos atropelados
como os cães.


Vem, Lídia,
cheguemos mais perto
do rio retificado.
Ignoremos o barulho dos carros, o mato das
                                    [margens.
Ignoremos os detritos na correnteza
e o cheiro nauseabundo.


Vem, Lídia,
mas não nos sentemos:
que a surpresa
de um cadáver com ratazanas
pode nos casar a ferro quente
para toda a eternidade.

Vem, Lídia,
desenlacemos as mãos,
não mais nos toquemos.
Simplesmente
deixemos a vida passar
como o rio passa: sem religião, um féretro, um
                                        [morto.

# TRENS URBANOS

Não são como os ratos
ou os vira-latas.

Nunca desviam,
os trens.

Este sempre acompanha
o rio morto vivo.

Aqui dentro, uns lutam pra dormir,
outros, pra acordar.

Uns achando que a vida
é preparação pra morte.

Outros, que a morte
é o motor da vida.

Outros não acham nada.
Sobrevivem.

Os meus botões pensam:
morte em vida é que é problema.

Cocteau pensava além: a vida
é uma queda na horizontal.

O trem pára. A porta se abre.
Na falta,

qualquer rua, pra mim,
é rio.

# CEMITÉRIO DE NAVIOS

Setenta embarcações no fundo da baía,
noventa apodrecendo na superfície.
Uma lista de navios abandonados:
de pequenos barcos de pesca, traineiras,
a gigantescos
lloyds
profacons
transrolls
agência-ábacos.
A capitã-de-corveta
diz que a baía foi transformada
num depósito de lixo.
Navios chocam-se contra sucatas
pescadores têm suas redes rasgadas
a corrosão dos cascos
fatalmente levará
a vazamentos de óleo.
Saquearam beliches, geladeiras, televisores.
Tudo o que estava nos camarotes.
Depois piratas levaram
até as hélices.
Saquearam, incendiaram,
para não deixar pistas.

De um porão que se salvou
com toneladas de arroz
os ratos tomaram conta.
O quadro pode ser assim resumido:
da linha da água para baixo
é obra viva —
cascos cobertos por cracas, mexilhões, mariscos.
Da linha da água para cima
é obra morta.
A capitã-de-corveta
defende a idéia de afundar em alto-mar
as embarcações da superfície:
— Lá elas se transformam
em recifes artificiais.

# ESCULÁPIO

Carneiros descerão do céu
e pousarão nas cidades
com seus balidos de nuvem.

Um bando de mendigos e camundongos
cruzará a chuva ácida
mas nenhum conseguirá fixar raízes
no porão da noite.

Os campos mostrarão
sua terrível vocação:
milhares de hectares plantados
com cruzes brancas de PVC.

Fones de ouvido verterão
o chumbo quente das canções
do *hit-parade* do inferno.

O 13º signo virá
e vincará nossos ossos
ao ritmo do terremoto.

Tudo para dizer
que tudo será reescrito
uma vez apenas
desde o início.

# LEMBRETE

Ontem
a morte ceifou
mais um de nós.

Agora
no cemitério
enquanto o caixão é enterrado

o morto e os amigos
são obrigados a ouvir
ao redor

roçadeiras a diesel
operando estridentes
na mão de funcionários.

Roçadeiras
são foices motorizadas.

Nunca se deve esquecer:
a morte trabalha
em várias frentes.

# APRENDIZ

Morrer,
morri umas quinze vezes.

E se ainda estou vivo
não é porque sou como os gatos.

Um campo de dores
farpado
se espalha após cada morte.

Mas tudo
é aprendizado:
o sol se levanta?,
volto a me levantar atrás dele.

Mesmo que haja falhas
químicas, elétricas
no corpo

sempre que morro
o motor volta a dar partida —

um ventilador renasce
lança brisa sobre o campo
enxuga as dores.

Às vezes
hélice ou asa
me leva para o alto de amores.

# AMOR

se
a cabeça
nas nuvens
ninho
de ruivas
pavanas

## BUQUÊ DE ANGOLA

Há dias
em que tudo converge
para aquele ramalhete
que insurge e diverge
da galinha-d'angola.

A galinha
é de cerâmica. Os ramos,
de arame fino
e flexível.

Na ponta de cada ramo
irrompe
uma miniatura
de galinha-d'angola.

# INCENDIÁRIO

O amor
não bate à porta.

Um peixe
pula
pra fora
do aquário
pra dentro
do coração.

Qualquer termômetro,
o mais barato,
pode testemunhar:
labaredas.

Nenhum bombeiro
consegue apagar
o incêndio.

Um dia
— cedo ou tarde —
não sei

o coração do peixe pára
os bombeiros voltam para suas famílias
a porta se fecha.

Tudo em volta resta calcinada planície.
Tudo em volta, sabor de sisal.

# ENCONTRO

Chegam primeiro
os ventos quentes.
Tomam de assalto
a cidadela.
Os circuitos de proteção
automaticamente
se desligam.
As pontes levadiças
baixam.
Um leque
de ventosas invisíveis
se abre
lentamente
sobre a imagem
do outro
que se aproxima.
Quanto mais se aproxima
mais se revela
sua geografia
de espinhos,
seu corpo
de minúsculos
guarda-chuvas.

A ilha de ventosas
uma a uma
as lanças embainha.
Traz ainda
estoque
de matéria
aderente.
Por um instante
antes de regressar
à escuridão particular
duas impossibilidades
se misturam.

# TEIA

Teia outra.

Aranha que se escondeu
ou se foi.

Teia de orvalho.

Entre dois fios de arame farpado,
no pasto,

a teia, esplendor de água,
desafia o touro amante:

renda de lúcidas pérolas
ateia-se ao sol levante.

# PALITOS DE FÓSFORO

os experientes
deitam-se sempre
na caixa
ao revés:

a cabeça
aos pés
dos virgens
impacientes

— a lua cheia
extática
guarda o enigma
da passagem

# RITO DE PASSAGEM

porque me cortaram
as ostras
ao crepúsculo

o cristal da água
o salmão do poente

lentamente
foram se turvando
de vermelho

até escurecerem
indivisíveis

# ERAM DIAS DE PÁSSAROS ANINHADOS

eram dias de pássaros aninhados
no beiral dos meus olhos

era a casa pequena
os olhos capazes de se lançar como pássaros
a partir das janelas

os barulhos mentais
escoando pouco a pouco para outro lugar

estava livre
afinal
para receber o sol

sol pescado na aurora
e trazido à tona em rede de trinados

a porcelana trincada do tímpano
novamente se fazia fino couro de tambor

havia uma primavera
trabalhando em cada árvore

## MAUS LENÇÓIS

O homem procura água na Lua.

Se existe água
bebe um copo.
Depois vêm as sondas
e acham a veia da Lua.

Os êmbolos começam a puxar.

Começam a extrair
se existe água
além de água
metálicas flores:

paládio, cobalto, lantânio.

A Lua
tonta, pálida,
anêmica
é presa fácil.

## LOCUS AMOENUS

Tudo em volta é rotina
nesta antemanhã de sobrados.

Os pássaros piam
os gatos miam.

No máximo
o baque do jornal na porta
a moto partindo.

Outra madrugada.

Já não há as vísceras do homem da véspera
que vomitava até os olhos
nos jardinzinhos da vila.

# ESTIAGEM

Madrugada seca. Banheiro.
Assôo o nariz.
O papel se tinge
de pontos vermelhos.

Quando era criança
o nariz sempre sangrava.

O vizinho da casa em frente
também sangrava
e era idoso
(nunca o vi).

Eu curava o sangramento
com uma simples bolinha de algodão.

Meu pai médico
muitas vezes
era chamado às pressas
de madrugada
para estancar o sangue do vizinho
antes que batesse as botas.

# RETRATO DE FAMÍLIA À BEIRA-MAR

A beira do mar é grande.

Nela cabe
toda a família (uns vinte)
posando para a foto
em trajes de banho
— costelas e barrigas,
coxas e joelhos.

Menos os pés.

Os pés
são preciosos demais
para se mostrar em público.

Por isso
foram deixados sob a água.
E é provável que
na hora da foto

tenham fugido
como um cardume.

# EIS QUE

de novo
depois do último ano
o sabiá-laranjeira
vem cantar

é madrugada
o fim de tarde
em meu caminho

e assim
descubro
cabisbaixo
amoras pisadas

caídas
de amoreiras
carregadas
de insubordinação civil

é quase
primavera

qualquer hora
até os jabutis
acordam

## BOCA DA NOITE

A rua me leva pedestre
por algumas quadras.

Passo por academias de ginástica
onde jovens invertebrados
modelam o corpo
berrando como javalis de seita.

Eu, que não tenho preparo,
paro:
hora do chope ordenador
na praia da calçada sem praia.

O chope filtra
as dores de não ser.

Viver não é fácil.
Impossível fazer o omelete
sem quebrar os ovos.

# PANE

estourou o radiador

os ponteiros giram sem parar
a hélice pára

vaza água
por todos os lados

crio nuvens
produzo chuva
sem querer

nenhum guincho
nestas paragens

a temperatura subiu
a níveis insuportáveis

*EL COCUYO*


entre uma enfermeira
e outra
o vagalume
de Porto Rico
no teto
(mero dispositivo
antiincêndio)
eternizou a noite
do quarto de hospital

# EFEITO PARADOXAL

a calçada sobre
a cadeira de bar sobre
mim sobre
as nuvens sobre
o céu

tudo levita
de ponta-cabeça
depois que engoli
o sol

ou

isso é apenas
ressaca de hospital?

# DOR

seringas de injeção
conversam em voz baixa

# POR UM FIO

na branca
louça
do mictório

um inseto
um ícaro
alheio a sua sorte

se debate
entre a vida
e a morte

# SOCORRO

Chovesse sol
por entre as folhas
do abacateiro

eu correria atrás
dos fios de prata
que caem.

Agonia porém
é o nome
dessa noite invisível

presa à lente de meus óculos
como um inseto.

## LUZ E MATÉRIA

Coração à deriva
tambor tambor tambor
num mar
de sedação.

Uma luz
ofuscante prímula
buscando entrar naquele corpo.

Eis um deus em fagulha
um sol
sedento de matéria
para nascer.

# CEMITÉRIO

quando morrer
me enterrem numa caixa
de fósforos

# POR UM INSTANTE

Não sabia
que era um anjo.
Sol caminhante
bacia de água limpa
gaze úmida
limpando
enxugando
cada poço de dor
jovem
ou velho.
Sempre perto
sua feição
de canção
irradia
e
por um instante
cura.
Não sabia.

# A CHUVA

Aproveito a chuva:
faço café com a água da chuva.
A chuva é ácida.
O café sairá ácido.
O café coado é escuro.
O café mostra
que falta transparência às coisas vividas.
Tomando esse café
um pouco de mim — melancolia, alegria? —
vai se eclipsando.

## PORTAS

Chegar
ao mundo
é fácil:

dia e noite
há portas
abertas.

Dura
porém
é a volta.

Requer
boa dose
de coragem

e muita
prática
em deportar-se.

## MAZURCA

Não parem a festa —
a vida como um transatlântico
ainda que encalhado.
Poesia:
em meio à precária festa
meu modo meu gesto
de aprender a morrer.
Se escrevo diamante
sapato de diamante
sapateado
eu
que não sei dançar
acendo lâmpadas e as penduro
na teia de relações
de um transatlântico em apuros.
As palavras não dormem.
Eu não durmo.
Eu morrerei.

# ADSTRINGÊNCIA

e como a noite
disfarçada de berinjela
pousasse sobre a fruteira da mesa

e pousasse além
aos poucos
sobre todas as coisas

e não houvesse luz
nas lâmpadas
nem no pensamento

abandonei tudo o que estava
ainda por fazer
e me encolhi num canto

e como um caroço
que entra na fruta sem caroço
caí no sono

protegido pela matéria
adstringente da morte
e sua polpa

# NOTA SOBRE OS POEMAS

Alguns poemas que compõem este livro foram publicados originalmente nas seguintes revistas, jornais, postais, zines e antologias:

*A Cigarra*, Jurema Barreto de Souza e Zhô Bertholini (orgs.), São Paulo, nº 40, 2005 ("Tiranias");

*Antologia comentada da poesia brasileira do século 21*, Manuel da Costa Pinto (org.), São Paulo, Publifolha, 2006 ("Trens urbanos", "Esculápio");

*Azougue*, Sergio Cohn (org.), São Paulo, nº 7, 2000 ("Mundo pânico", "Totem");

*Cacto*, São Paulo, Unimarco, nº 4, 2004 ("Tiranias", "Ciclo das pedras", "Repartição pública", "Escrivaninha", "Boca da noite");

*Cards*, Nankin Editorial, 2000 ("A invisível cicatriz");

*.doc*, André Luiz Pinto e Édison Veoca (orgs.), Rio de Janeiro, nº 2, 2002 ("Abaixo de zero", "Minha mãe");

*Jandira: Revista de Literatura*, Funalfa Edições, Juiz de Fora, nº 2, 2005 ("Desenraizados", "Trens urbanos", "Cemitério de navios", "A chuva");

*Lagartixa*, São Paulo, Calango Editores, 2003 (*"Locus amoenus"*, "Estiagem");

Caderno "Mais!", *Folha de S. Paulo*, 10/11/2002 ("A invisível cicatriz");

*Metamorfose*, São Paulo, FFLCH-USP, nº 2, 2004 ("Ciclo das pedras", "Classificados", "Cemitério de navios");

*Paixão por São Paulo: antologia poética paulistana*, Luiz Roberto Guedes (org.), São Paulo, Editora Terceiro Nome, 2004 ("Abaixo de zero", "O Tietê não vai ao mar");

*Poetas na biblioteca*, São Paulo, Fundação Memorial da América Latina, 2001 ("Esculápio");

*Rattapallax: New Brazilian and American Poetry*, Flávia Rocha e Edwin Torres (orgs.), EUA, n° 9, 2003 ("Incendiário");

*Sexta Feira: uma pequena antologia do tempo*, Heitor Ferraz (org.), São Paulo, Hedra, n° 5, 2000 ("Portas");

*Sibila*, São Paulo, Ateliê Editorial, n° 3, 2002 ("Tanto peso", "Amor");

*Zinequanon*, São Paulo, Weblivros, n° 2, 2002 ("Buquê de Angola", "Mazurca"), e n° 8, 2003 ("O Tietê não vai ao mar").

A maior parte dos poemas acima citados passou por modificações posteriores.

# AGRADECIMENTOS

Agradeço aos que, de uma forma ou de outra, contribuíram para a elaboração deste livro: Alberto Martins, Ana Paula Pacheco, Carlos Machado, Chantal Castelli, Cláudio Giordano, Donizete Galvão, Eduardo Sterzi, Fabio Weintraub, Fabrício Corsaletti, Fernando Paixão, Iuri Pereira, Kleber Mantovani, Luiz Repa, Luiz Roberto Guedes, Manuel da Costa Pinto, Mario Rui Feliciani, Marisa Proença, Paulo Ferraz, Priscila Figueiredo, Raduan Nassar, Renata Pallottini, Reynaldo Damazio, Ricardo Rizzo, Ronald Polito, Sergio Cohn, Tarso de Melo, Tércio Redondo e Valentim Facioli.

# SOBRE O AUTOR

Ruy Proença nasceu em 9 de janeiro de 1957, na cidade de São Paulo. É engenheiro de minas formado pela Escola Politécnica da USP, tendo feito paralelamente o curso de História na mesma instituição. Participou de diversas antologias de poesia, entre as quais se destacam: *Anthologie de la poésie brésilienne* (Chandeigne, França, 1998); *Pindorama: 30 poetas de Brasil* (revista *Tsé-Tsé*, nos 7/8, Argentina, 2000); *Poesia brasileira do século XX: dos modernistas à actualidade* (Antígona, Portugal, 2002); *New Brazilian and American Poetry* (revista *Rattapallax*, n° 9, EUA, 2003) e *Antologia comentada da poesia brasileira do século 21* (Publifolha, 2006). Traduziu a coletânea *Boris Vian: poemas e canções* (Nankin, 2001), da qual foi também organizador, e *Isto é um poema que cura os peixes*, de Jean-Pierre Siméon (SM, 2007). É autor dos seguintes livros de poesia: *Pequenos séculos* (Klaxon, 1985); *A lua investirá com seus chifres* (Giordano, 1996); *Como um dia come o outro* (Nankin, 1999), e dos poemas infanto-juvenis de *Coisas daqui* (SM, 2007).

# ÍNDICE

A invisível cicatriz ........................................................ 9

Tiranias ......................................................................... 11

Ciclo das pedras ........................................................... 13

Repartição pública ....................................................... 15

Fronteira ....................................................................... 17

Mundo pânico .............................................................. 19

Tanto peso ................................................................... 21

Totem ........................................................................... 23

Desenraizados .............................................................. 25

Escrivaninha ................................................................. 27

Abaixo de zero ............................................................. 29

Minha mãe ................................................................... 31

Classificados ................................................................ 33

Pescaria ........................................................................ 35

Tormenta ...................................................................... 37

O Tietê não vai ao mar ................................................ 39

Trens urbanos ............................................................... 41

Cemitério de navios ..................................................... 43

Esculápio ...................................................................... 45

Lembrete ...................................................................... 47

Aprendiz ....................................................................... 49

Amor ............................................................................ 51

Buquê de Angola .......................................................... 53

Incendiário ................................................................... 55

Encontro ....................................................................... 57

Teia .............................................................................. 59

Palitos de fósforo ......................................................... 61

Rito de passagem ......................................................... 63

Eram dias de pássaros aninhados ........................................ 65

Maus lençóis ................................................................... 67

*Locus amoenus* .............................................................. 69

Estiagem ........................................................................ 71

Retrato de família à beira-mar ....................................... 73

Eis que ........................................................................... 75

Boca da noite .................................................................. 77

Pane ............................................................................... 79

*El cocuyo* ...................................................................... 81

Efeito paradoxal ............................................................. 83

Dor ................................................................................ 85

Por um fio ...................................................................... 87

Socorro ........................................................................... 89

Luz e matéria ................................................................. 91

Cemitério ....................................................................... 93

Por um instante .............................................................. 95

A chuva .......................................................................... 97

Portas ............................................................................ 99

Mazurca ........................................................................ 101

Adstringência ................................................................ 103

*Nota sobre os poemas* ................................................... 105

*Agradecimentos* ........................................................... 107

*Sobre o autor* ............................................................... 108

Este livro foi composto em Sabon, pela
Bracher & Malta, com CTP da Forma
Certa e impressão da Bartira Gráfica e
Editora em papel Pólen Bold 90 g/m² da
Cia. Suzano de Papel e Celulose para a
Editora 34, em novembro de 2007.